AF321239

# RÉPUBLIQUE D'HAÏTI.

## NOTICE STATISTIQUE

ET

## CATALOGUE.

PARIS

IMPRIMERIE DE M<sup>me</sup> VEUVE BOUCHARD-HUZARD,

RUE DE L'ÉPERON, 5.

—

1867

# RÉPUBLIQUE D'HAÏTI.

## NOTICE STATISTIQUE.

## GÉOGRAPHIE PHYSIQUE.

### SITUATION GÉOGRAPHIQUE.

La République d'Haïti occupe le tiers occidental de la grande île d'Haïti ou Saint-Domingue, dans les Antilles.

Elle est bornée, au N., à l'O. et au S., par la mer des Antilles; et à l'E., par une ligne ondulée qui va de l'embouchure de la rivière du Massacre au Nord, jusqu'à la rivière de l'Anse-à-Pitre au Sud. Cette ligne sépare la République d'Haïti de la République Dominicaine, laquelle occupe le reste de l'île.

La superficie de la République d'Haïti est de **76,036** kilomètres carrés.

### CONFIGURATION DU SOL. — OROGRAPHIE.

Le territoire de la République d'Haïti est montagneux et présente alternativement, tantôt des hauteurs boisées où l'altitude

et le voisinage de la mer entretiennent une douce fraîcheur,
tantôt des vallées brûlantes où la température chaude des tro-
piques provoque le développement d'une végétation exubérante.
Quelques îles voisines de la côte appartiennent à la République
Haïtienne.

## HYDROGRAPHIE.

Les côtes de la République d'Haïti sont profondément décou-
pées et forment, de tous côtés, des abris sûrs pour les vaisseaux
qui redoutent les coups de vent. La baie Mancenillo, le Môle
St.-Nicolas, le golfe de la Gonave, celui de Léogane et la baie des
Cayes, correspondent aux principales échancrures de cette ligne
côtière. Un nombre de rivières, relativement considérable, pro-
cure à l'île un arrosage utile ; des sources d'eaux thermales ou
simplement minérales jaillissent du pied des montagnes, et
quelques lacs, parmi lesquels le plus important est celui d'As-
suey, se joignent aux rivières, pour donner à la terre plus de
fraîcheur et à la végétation un caractère de richesse plus grand
encore.
La rivière la plus considérable est l'Artibonite.

## GÉOGRAPHIE ADMINISTRATIVE.

La République de Haïti est divisée en 5 départements, partagés
eux-mêmes en arrondissements et enfin en communes.
La population est d'environ **800,000** habitants.
Les cultes sont libres ; la religion catholique est la religion de
la majorité des Haïtiens.
Les villes principales sont :
**Port-au-Prince** (30,000 hab.), capitale et principal port de
la République ; situé à l'extrémité de la baie de la Gonave, avec
une rade petite et peu profonde qui tend à s'ensabler en raison
des détritus apportés par les cours d'eau. Cette ville est le centre
du commerce extérieur. On y remarque le palais du gouverne-

ment, plusieurs églises, un hôtel des monnaies, un arsenal, un lycée, un hôpital militaire, etc.

**Gonaïves** (8,000 hab.), chef-lieu de département, port sûr, très-fréquenté, à l'extrémité de la baie de la Gonave, grand commerce de coton et de bois d'acajou.

**Môle-Saint-Nicolas,** au fond d'une baie profonde, qui semble destinée à être un jour l'un des ports principaux des Antilles.

**Cap-Haïtien** (12,000 hab.), chef-lieu de département, bon port situé au nord; grand commerce.

**Jacmel** (10,000 hab.), sur la côte sud, commerce très-actif.

**Cayes** (10,000 hab.), chef-lieu de département, sur la côte sud; sol très-fertile.

**Jérémie** (6,000 hab.), à l'entrée du golfe de la Gonave.

**Saint-Marc,** ville d'émigrants américains à l'entrée de la vallée fertile de l'Artibonite, grande culture de coton.

## FORCES PRODUCTIVES.

### RÈGNE MINÉRAL.

Le premier produit de l'île, sous ce rapport, consiste en eaux minérales ferrugineuses, salées ou sulfureuses, qui sont données par un grand nombre de sources et qui pourront devenir l'objet d'un commerce actif.

Les marbres, le jaspe, les agates, l'opale, le soufre et le bitume se trouvent abondamment dans l'île d'Haïti.

Le fer, l'étain, le cuivre, l'antimoine, le manganèse, le mercure, l'argent, l'or et le platine s'y rencontrent aussi et pourraient donner lieu à des exploitations avantageuses.

### RÈGNE VÉGÉTAL.

La chaleur de la température, combinée avec l'arrosage abondant du pays, constitue dans certaines régions un climat qui est peu sain pour les Européens, mais qui favorise le développement de la végétation la plus riche et la plus belle. Les plantes et les fleurs les plus magnifiques naissent de toutes parts. L'acajou, le chêne, le pin, le fustic et le bois de satin forment, sur les montagnes, des forêts immenses qui donnent à l'exportation ses principaux éléments ; il faut ajouter à ces articles la cire de palmier, le dividivi et de nombreux bois d'ébénisterie.

L'orange, l'ananas, la banane, la sapotille et les chérimolles fournissent à la table d'excellents fruits.

La canne à sucre, le cacao, le café, le coton font l'objet d'une exploitation agricole extrêmement fructueuse.

### RÈGNE ANIMAL.

Les forêts d'Haïti offrent asile à tout un monde d'oiseaux variés et des plus riches couleurs, parmi lesquels les perroquets et les colibris ou oiseaux-mouches viennent en première ligne, tandis que les faisans, les tourterelles et les perdrix animent les abords des plantations, et que les volailles domestiques, d'importation européenne ou africaine, enrichissent les basses-cours.

Les eaux douces ou salées de l'intérieur et des côtes nourrissent une quantité de poissons et de coquillages.

C'est là, enfin, que se trouve, le plus fréquemment, la grande tortue de terre appelée caret, qui donne la belle écaille.

## COMMERCE.

La moyenne du commerce extérieur, exportations et importations réunies, pendant les cinq années 1860-64, a été d'environ 78 à 80,000,000 de francs. Les chiffres suivent, du reste, une progression croissante et sont pour 1864 :

| | |
|---|---|
| Exportations. . . . . . . . . . . | 46,854,582 fr. |
| Importations. . . . . . . . . . | 49,318,202 |
| TOTAL. . . . . . | 96,172,784 fr. |

Les importations portent sur les articles suivants :

Articles de fabrique anglaise de toute sorte; vins, soies, liqueurs diverses de fabrication française; tissus et lingerie, vins et eaux minérales d'Allemagne; bois de construction, engins de marine, comestibles des Etats-Unis, etc.

Principaux produits exportés :

| | | |
|---|---|---|
| Café. . . . . . . . . | 30,000 tonneaux. | Tabac. |
| Cacao. . . . . . . . | 730 — | Cuirs bruts. |
| Coton. . . . . . . . | 225 — | Cire jaune. |
| Acajou. | | Vieux cuivres. |
| Bois de campêche. | | Chiffons. |
| Bois jaune. | | Écorce d'orange. |

Les pays avec lesquels se fait le commerce d'Haïti sont, par ordre d'inportance, les Etats-Unis, la France, l'Angleterre, l'Allemagne et enfin les autres pays.

La République contient six ports principaux, ouverts au commerce extérieur; ce sont : Port-au-Prince, les Cayes, Jacmel, les Gonaïves, Cap-Haïtien et Jérémie.

Ces ports sont visités, annuellement, en moyenne, par plus de 1,500 à 2,000 navires représentant le transport de 300 à 350,000 tonneaux.

## GOUVERNEMENT.

La constitution de 1846 a mis le pouvoir entre les mains du peuple dans la République d'Haïti. Une constitution nouvelle a été promulguée en 1867.

Le pouvoir exécutif est exercé par un président élu pour quatre ans; le pouvoir législatif par une *assemblée nationale* composée d'une chambre des communes et d'un sénat.

La chambre des communes comprend un ou plusieurs députés de chaque commune, nommés pour cinq ans.

Le sénat comprend, par département, six représentants nommés pour six ans. Ils sont nommés par la chambre des communes.

Le pouvoir judiciaire est exercé par une cour de cassation

sous la dépendance de laquelle se trouvent divers tribunaux subsidiaires.

La législation est basée sur le code civil français.

L'Éducation est en honneur dans l'État, et en **1860** il y avait déjà, dans cette petite République, **107** écoles et **4** colléges.

## ARMÉE.

L'armée s'élève à environ 30,000 hommes, dont la moitié seulement peut être considérée comme formant l'effectif militaire réel.

La marine se compose simplement de **6** vapeurs.

## FINANCES.

Le budget des recettes s'élève, en moyenne, à **14,000,000** et celui des dépenses à **13,000,000**.

Dette intérieure, **19,940,000**.

|  |  |  |
|---|---|---|
| Dette extérieure: | dette française, indemnité aux anciens colons. . . . . . . | **20,100,000** fr. |
|  | emprunt français de 1825. . . | **11,949,840** |
|  | Total. . . | **32,049,840** |

### L. BOUVET,

Secrétaire des Commissions des Républiques
de l'Amérique centrale et méridionale.

# CATALOGUE.

Les troubles survenus dans la République d'Haïti ont empêché cet État d'envoyer à Paris tous les objets qu'il avait l'intention d'exposer. Toutefois, comme l'exposition du Gouvernement Haïtien était toute préparée, nous avons cru devoir joindre à la liste des objets réellement exposés la liste des objets qui devaient l'être et qui avaient été signalés comme tels à la Commission. Le **Gouvernement** s'était porté seul comme exposant, en son propre nom et au nom de ses administrés. Le jury international lui a attribué une **MÉDAILLE D'OR** pour son exposition de tabacs, de fibres textiles, de produits agricoles et forestiers.

## DEUXIÈME GROUPE.

### MATÉRIEL ET APPLICATIONS DES ARTS LIBÉRAUX.

### CLASSE XII.

INSTRUMENTS DE PRÉCISION ET MATÉRIEL DE L'ENSEIGNEMENT DES SCIENCES.

Collection de modèles de fruits d'Haïti, en cire.

# TROISIÈME GROUPE.

## MEUBLES ET AUTRES OBJETS DESTINÉS A L'HABITATION.

### CLASSE XVII.

#### PORCELAINES, FAÏENCES ET AUTRES POTERIES.

*Canaris* (jarres) de l'Anse-à-Veau ; *canaris* à sirop.
Cafetières de divers genres.
Plateaux, assiettes.
Bols, terrines, cruches.
Formes à sucre.
Creusets.
Carreaux de pavage, tuiles creuses et à crochet.
Poteries diverses pour les usages domestiques.

### CLASSE XVIII.

#### TAPIS, TAPISSERIES ET AUTRES TISSUS D'AMEUBLEMENT.

Nattes.

### CLASSE XXVI.

#### OBJETS DE MAROQUINERIE, DE TABLETTERIE
#### ET DE VANNERIE.

Paniers en feuilles de latanier, à couvercle et à anse.
Macoutes.
Demi-calebasses servant de vases (*couis*).
Objets en bois de gaïac, tels que cuillers, chande-
liers, gobelets, cruches, plateaux, mortiers et
pilons.

# QUATRIÈME GROUPE.

## VÊTEMENTS, TISSUS COMPRIS, ET AUTRES OBJETS PORTÉS PAR LA PERSONNE.

### CLASSE XXXIV.

#### ARTICLES DE BONNETERIE ET DE LINGERIE, OBJETS ACCESSOIRES DU VÊTEMENT.

Bretelles.
Serviettes.

### CLASSE XXXV.

#### HABILLEMENT DES DEUX SEXES.

Chapeaux de paille.
Calotte.

### CLASSE XXXVIII.

#### OBJETS DE VOYAGE ET DE CAMPEMENT.

Valises.
Hamac.

# CINQUIÈME GROUPE.

## PRODUITS BRUTS ET OUVRÉS DES INDUSTRIES EXTRACTIVES.

### CLASSE XLI.

#### PRODUITS DES EXPLOITATIONS ET DES INDUSTRIES FORESTIÈRES.

##### ÉCHANTILLONS DE BOIS EN BILLES.

Acajou de la Tortue.          Gris-gris.
Bois jaune.                   Acajou.

##### ÉCHANTILLONS DE BOIS EN LAMES.

Courbaril.                    Chêne.
Goyavier.                     Amandier à petites feuil-
Bois épineux.                   les.
Amandier à grandes feuil-     Faux-brésillet.
  les.                        Laurier blanc.
Acomat rouge.                 Bâtons de bois-dentelle.
Acomat blanc.

### CLASSE XLII.

#### PRODUITS DE LA CHASSE, DE LA PÊCHE ET DES CUEILLETTES.

Écorces de quinquina.
    —    de manglier rouge.
    —    de sassafras.

Résine de gaïac.
—   de pin.
—   de cahahonde en larmes et en poudre.


## CLASSE XLIII.

**PRODUITS AGRICOLES NON ALIMENTAIRES, DE FACILE CONSERVATION.**

2 ballots de coton, graines de coton.
Fibres de *pite*.
Tête de latanier.
Racines de squine et de lobélie.
Follicules de séné.
Liane couleuvre.
Graines de *hopoli* (sésame).
Cigares de tabac de Monrouis.
—   —   américain.
Andouilles de tabac de Mirebalais.


## CLASSE XLIV.

**PRODUITS CHIMIQUES ET PHARMACEUTIQUES.**

Cire jaune, cierges et bougies.


## CLASSE XLVI.

**CUIRS ET PEAUX.**

Peaux tannées.
Cuirs de bœuf.
Peaux de chèvres, de moutons.

# SIXIÈME GROUPE.

## INSTRUMENTS ET PROCÉDÉS DES ARTS USUELS.

### CLASSE LI.

#### MATÉRIEL DES ARTS CHIMIQUES, DE LA PHARMACIE, ETC.

Un mortier en pierre taillée.

### CLASSE LXII.

#### BOURRELERIE ET SELLERIE.

Bâts, sangles.
Mors, avec filet, de Port-au-Prince.

# SEPTIÈME GROUPE.

## ALIMENTS FRAIS OU CONSERVÉS, A DIVERS DEGRÉS DE PRÉPARATION.

### CLASSE LXVII.

#### CÉRÉALES ET AUTRES PRODUITS FARINEUX COMESTIBLES AVEC LEURS DÉRIVÉS.

Riz de Mirebalais.
Mil, millet en épis.
Maïs rouge en grain, maïs blanc concassé.
Farines de maïs, de patates, de riz, de bananes.
Amidon.
Arrow-root, manioc, manioc doux.

## CLASSE LXXI.

### LÉGUMES ET FRUITS.

Haricots noirs, jaunes, blancs, marbrés rouge, mar-
brés blanc, marbrés violet.
Pois blancs, dits *pois de France*; pois congo, etc.
Fruits de l'arbre à pain.
Pistaches.

## CLASSE LXXII.

### CONDIMENTS ET STIMULANTS. — SUCRE ET PRODUITS DE LA CONFISERIE.

Gingembre.
Café.
Sucre brut.
Confitures.

## CLASSE LXIII.

### BOISSONS FERMENTÉES.

Rhum (diverses marques).
Tafia.
Liqueurs.

L. BOUVET,

Secrétaire des Commissions des Républiques
de l'Amérique centrale et méridionale.

Paris. — Imprimerie de Mme Vᵉ Bouchard-Huzard, rue de l'Éperon, 5. — 1867.